Wie war dein Tag, Schatz?

Georg M. Oswald

Wie war dein Tag, Schatz?

MURMANN

Dieses Buch wurde klimaneutral produziert:

Print CO2 kompensiert
Id-Nr. 1330938
www.bvdm-online.de

MIX
Papier aus verantwortungsvollen Quellen
FSC www.fsc.org FSC® C106847

Bibliografische Information der Deutschen Nationalbibliothek
Die Deutsche Nationalbibliothek verzeichnet diese Publikation in der deutschen Nationalbibliografie; detaillierte bibliografische Daten sind im Internet über http://dnb.d-nb.de abrufbar.

ISBN 978-3-86774-294-8

Umschlaggestaltung: Rothfos & Gabler, Hamburg
Satz: Dörlemann Satz GmbH & Co. KG, Lemförde
Gesetzt aus der Minion
Druck und Bindung: Freiburger Graphische Betriebe, Freiburg
Printed in Germany

Besuchen Sie uns im Internet: www.murmann-verlag.de

Ihre Meinung zu diesem Buch interessiert uns!
Zuschriften bitte an info@murmann-verlag.de
Den Newsletter des Murmann Verlages können Sie anfordern unter newsletter@murmann-verlag.de

Inhaltsverzeichnis

Vorwort

Georg M. Oswald

Als mir die *Frankfurter Allgemeine Zeitung* anbot, eine wöchentliche Kolumne über die Arbeitswelt unter dem Titel »Wie war dein Tag, Schatz?« zu schreiben, war ich mir nicht sicher, wie lange mein Ideenvorrat reichen würde. Mit der Zeit entwickelte ich jedoch einen Blick für bestimmte Situationen und Motive, die sich besonders gut dafür eigneten. Eher zufällig bekamen die handelnden Figuren mehr und mehr einsilbige Namen, und ich bemerkte, dass ich besonders auf jenen kurzen Geschäftsreisen, die das Arbeitsleben vieler in Deutschland beschäftigter Arbeitnehmer prägen, auf Berichtenswertes stieß. Meistens hatte ich schon ein oder zwei Namen für meine nächsten Protagonisten im Kopf, und was ich dann an Gesprächsfetzen, Unterhaltungen, Missverständnissen und interessanten Verhaltensweisen meiner

Mitreisenden beobachtete, fügte sich oft überraschend leicht zu einer Geschichte. Ich lernte, wie sich in den jeweils etwa 2500 Zeichen Anspielungen auf politische, wirtschaftliche, arbeitsrechtliche oder einfach nur allgemein menschliche Ereignisse unterbringen ließen. Am meisten Spaß machten mir immer Situationen, in denen deutlich wird, wie gerne wir bereit sind, uns selbst Dinge zu »genehmigen«, die wir bei anderen unmöglich finden. Als die Zeitung sich nach fünf Jahren entschloss, die Kolumne einzustellen, bedauerte ich dies, denn sie war mir zu einer Lebensgewohnheit geworden. Noch heute spüre ich manchmal eine Art Phantomschmerz, wenn mir etwas »Kolumnentaugliches« begegnet. Und doch, es gilt auch hier, man soll aufhören, wenn es am schönsten ist.

In aller Bitterkeit

Kümmel, ein frischer Mitarbeiter, nahm zu Mittag allein in der Kantine Platz. Lurk, ein älterer Prokurist, der es liebte, neuen Kollegen den Weg zu weisen, hatte ihm aufgelauert und tauchte jetzt vor ihm auf. »Mahlzeit, Herr Kollege! Sie gestatten doch!« Kümmel kannte Lurk schon von einer Fahrt im Aufzug. Als er aussteigen wollte, hatte Lurk immer weitergeredet, während er mit einer Hand ein ums andere Mal durch die Lichtschranke fuhr, um die Tür offen zu halten. Vielleicht lächelte Kümmel deshalb nun gequälter, als er wollte. »Aber sicher, gerne doch, Herr Lurk.« »Kennen Sie den?«, fragte Lurk sogleich, um die Stimmung zu lockern. »Fragt der Personaler den Bewerber: ›Was können Sie eigentlich?‹ Der Bewerber antwortet: ›Nichts!‹ Sagt der Personaler: ›Tut mir leid, die Führungsposten sind alle schon vergeben!‹«

Lurk lachte laut, Kümmel lächelte. Dann wurde Lurks Gesichtsausdruck schlagartig todernst, und jetzt kam wieder das, was Kümmel schon aus dem Lift kannte: ein in aller Bitterkeit gehaltener Vortrag über fehlende Führungsqualitäten von Managern und ihre fachliche Inkompetenz, ihre unverschämten Gehaltsforderungen, die unanständig hohen Abfindungen, die sie kassierten. »Es ist eine Kaste von opportunistischen Karrieristen und neurotischen Psychopathen, die sich da hochboxt, rücksichtslos und verschlagen. Narzisstisch-neurotisch stark persönlichkeitsgestörte Individuen mit wahnhafter Selbst- und Fremdwahrnehmung. Sie mobben und quälen und tun alles für ihren persönlichen Vorteil ...« Lurk schäumte geradezu. Finster fuhr er fort: »Und wenn sie jemandem freundlich kommen, dann nur, um ihn hinterher umso heftiger in die Tiefe zu treten.«

Auf dem Weg zurück begegnete Kümmel seinem Abteilungsleiter Winter, der ihm wohlgesinnt schien. »Wie war das Mittagessen?« »Gut, ich habe mich mit Herrn Lurk unterhalten.« Winter lachte. »Sind Sie auch mal zu Wort gekommen?« »Eher selten.« »Das Problem an Leuten wie Lurk ist, dass sie nie zum Zug gekommen sind. Unter dieser Enttäuschung ist ihr Bedürfnis, recht zu haben, ein bisschen zu sehr gewachsen. Eigentlich ist an Lurk nichts auszusetzen. Ein älterer Prokurist, der aufs Altenteil zusteuert. Böse Stimmen behaupten, sein Aufgabenbereich ist deckungsgleich mit seiner Schreibtischplatte. Und die ist immer blitzblank geputzt. Mein Tipp, Herr Kümmel: Wenn Sie hier was werden wollen, sollten Sie sich nicht allzu oft mit Leuten wie Lurk sehen lassen!« Nachdenklich ging Kümmel an seinen Schreibtisch. Das Telefon klingelte. »Kümmel? Hier Lurk. Ich habe Sie mit Winter sprechen sehen. Ich weiß, er schmeichelt Ihnen. Aber Sie werden sehen, er ist genau einer von denen, vor denen ich Sie gewarnt habe.«

Vertieft in Spesenabrechnungen

Suhl und Melk rannten zufällig beim Nachfassen am Buffet einer Wohltätigkeitsveranstaltung ineinander. »Ah, Melk, du bist's! Weißt du eigentlich genau, warum wir hier sind?« »Irgendwas mit menschenunwürdiger Arbeit in Indien, glaube ich. Soll ich meine Frau fragen? Die weiß es.« »Nee, lass nur, meine weiß es auch.« »Diese Dinger hier, wie immer sie heißen mögen, sind wirklich ganz ausgezeichnet.« »Ja, man muss sich zur Vernunft rufen. Man könnte hier ja essen, bis man platzt. Wie geht's dir eigentlich so?« »Könnte besser sein. Ich habe mir eine Gewerkschafterin eingefangen. Die gründet jetzt einen Betriebsrat.« »Dann wirf sie doch raus!« »Geht nicht. Weißt du doch.« »Also, wer bei mir auf solche Ideen kommt, fliegt. Meine Leute stehen voll hinter mir. Begeistert, möchte ich sagen.« »Toll, und wie machst du das?« »Ich befasse mich mit meinen Mitarbeitern, ich studiere sie.« »Sehr interessant, und weiter?« »Ihre Gewohnheiten kennenzulernen ist für mich besonders aufschlussreich.« »Du spionierst deine Leute aus?« »Nicht doch! Ich interessiere mich nur für das, was sie tun, wenn sie für mich arbeiten.« »Nun lass schon die Katze aus dem Sack, was meinst du?« »Ich vertiefe mich in ihre Spesenabrechnungen.« »Ist das wirklich so spannend?« »Und ob. Weswegen hat man Al Capone drangekriegt? Wegen Mordes? Organisiertem Verbrechen? Nein, wegen Steuerhinterziehung! So ähnlich ist es mit deinen Mitarbeitern.« »Verstehe ich nicht.« »Denk mal an deinen loyalsten Mitarbeiter. Wie heißt der?« »Klump.« »Öfter mal auf Dienstreise?« »Sicher.« »Schön. Du siehst dir die Spesenabrechnungen von Klump an, und ich wette, du wirst es finden, das privat getrunkene, aber dienstlich abgerechnete Bier, die Taxifahrt, bei der sich das Nützliche mit dem Praktischen so günstig verbinden ließ, den abgerechneten, aber nicht mehr auffindbaren Satz Kugelschreiber.« »Und was bringt mir das?« »Sollte es deinem Herrn Klump irgendwann einfallen, einmal ein bisschen weniger loyal zu werden, erzählst du ihm einfach von diesem Bier, dieser Taxifahrt, diesem Satz Kugelschreiber, und er wird sein volles Vertrauen zu dir zurückgewinnen.« »Weil du ihn sonst kündigst?« »Genau.« »Und damit kommst du durch?« »Sicher. Ich meine, wegen einem Euro dreißig zu kündigen, fände ich auch übertrieben, aber es ist doch beruhigend zu wissen, dass es geht.« »Da hast du recht. Wo würdest du persönlich die Grenze ziehen?« »Weiß nicht. Bei einem Euro fünfzig? Zwei Euro? Zwei Euro fünfzig vielleicht?« »Nein, zwei Euro fünfzig ist zu viel. Zwei Euro, würde ich sagen.« »Ja. Zwei Euro. Das klingt vernünftig.«

Kümmel, den die Hauptversammlung jetzt in den Vorstand berufen hatte

Kümmel, den die Hauptversammlung jetzt in den Vorstand berufen hatte, wurde allgemein als Gewinn für das Unternehmen bezeichnet. Sein Auftreten konnte sich sehen lassen. Das markante Kinn und der ausgeprägte Unterkiefer suggerierten Entschlusskraft, die makellosen Zahnreihen Biss, die stets leicht gekräuselte Stirn Nachdenklichkeit, das pomadisierte, zurückgekämmte Haupthaar Entschlossenheit.

Manche fragten, ob der Mann die richtige Besetzung für diesen schwierigen Job sei, gerade jetzt, in der Krise. Fachlich habe er so gut wie nichts vorzuweisen. Andere hielten dagegen, Kümmel werde sowieso nur für eine Übergangsphase gebraucht. Wenn sich auf der nächsten Hauptversammlung die Mehrheitsverhältnisse änderten, würde wieder ein ausgewiesener Fachmann ans Ruder kommen. Kümmel sei nur eine Notlösung für ein gutes halbes Jahr. Allerdings eine vorzeigbare – und das sei in diesen medialen Zeiten nicht das Schlechteste.

Auch rhetorisch war Kümmel zu gebrauchen. Es gab keine Frage, auf die er nicht in einem eloquenten Statement von exakt anderthalb Minuten erwidern konnte. Antworten im eigentlichen Sinn des Wortes gab er keine, aber er verstand es, Begriffe wie »Botschaft«, »Herausforderung«, »Verantwortung« und »Zukunft« so geschickt mit anderen wie »Beschleunigung der Prozesse«, »Handeln« und »Verantwortung im Wortsinn« zu kombinieren, dass man ihm gerne zuhörte. Direkte Fragen mochte er nicht so gerne. »Was werden Sie tun, um die drängenden Probleme zu lösen?«, wollte ein Reporter wissen. »Es ist heute nicht der Zeitpunkt, um konkrete Maßnahmen zu verkünden«, erwiderte Kümmel und sprach dann lieber wieder von »Botschaft«, »Herausforderung«, »Verantwortung« und »Zukunft«, von »Beschleunigung der Prozesse«, »Handeln« und »Verantwortung im Wortsinn«.

Die Monate vergingen, Mitarbeiter und Öffentlichkeit gewöhnten sich an den Anblick von markantem Kinn und ausgeprägtem Unterkiefer, von makellosen Zahnreihen und stets leicht gekräuselter Stirn, von pomadisiertem, zurückgekämmtem Haupthaar und assoziierten schließlich dazu die Begriffe, die ihnen Kümmel wieder und wieder nannte. Als er auf der nächsten Hauptversammlung, als er eigentlich abgewählt werden sollte, ans Rednerpult trat, wussten alle, wovon er sprechen würde und dann auch tatsächlich sprach: von »Botschaft«, »Herausforderung«, »Verantwortung« und »Zukunft«, von »Beschleunigung der Prozesse«, »Handeln« und »Verantwortung im Wortsinn«. Konnte irgendwer ernsthaft an der Kompetenz dieses Mannes zweifeln? Kümmel wurde mit überwältigender Mehrheit wiedergewählt.

Der gewisse Blick fürs Wesentliche

»Warum hat mir das keiner gesagt?!« Doktor Kropp war außer sich. Nicht er, sondern dieser Gneis war in die Geschäftsleitung berufen worden. Das war doch unbegreiflich! Doktor Kropp war ein Verfechter der Fachkompetenz. Meinungen und Ansichten konnte jeder haben. Doch Vermutungen darüber anzustellen, wie es laufen könnte, war so einfach wie nutzlos.

Dieser Gneis blamierte sich doch auf Schritt und Tritt mit seiner Ahnungslosigkeit in Detailfragen. Flüchtete sich von einem charmanten Lächeln ins nächste, und fragte seine Mitarbeiter um Rat, anstatt ihnen zu sagen, wo's langgeht. Was zählte, waren glasklare Kenntnisse, war unanfechtbares Wissen. Doktor Kropp hatte sich auf seinem Weg nach oben nichts geschenkt. Wo andere versuchten, sich mit Gerede aus der Affäre zu ziehen, beschäftigte er sich mit den Fakten. Ein gewisses Gefühl der Überlegenheit konnte und wollte er dabei nicht unterdrücken. Und er fühlte genug Verantwortung, sein Umfeld daran zu erinnern, dass es genauso wenig wie er zum Vergnügen da war. Mitarbeiter, die er im Gang traf, überraschte er gern mit Sachfragen. Konnten sie sie nicht prompt und korrekt beantworten, sprach er strenge Rügen aus. Irrtümer konnten zwar passieren – er sah es jedoch als seine Verpflichtung an, jeden, der sich irrte, unweigerlich als Idiot dastehen zu lassen. Mit Erfolg, immerhin, denn noch nie hatte sich jemand bei ihm darüber beschwert. Trotzdem brodelte auch Ärger in ihm, denn früher, so seine Wahrnehmung, die auf empirischen Tatsachen beruhte, war diese Haltung unumstritten. Heute hingegen grassierte eine fatale Nachlässigkeit in Sachfragen. Anders war nicht zu erklären, dass die Spaßfraktion immer mehr die Oberhand gewann. Gneis etwa gehörte ihr zweifellos an. Dieses ständige Gequatsche vom Menschen als Mittelpunkt. Das verstand sich doch von selbst! Und ewig dieses freundliche Grinsen! Er konnte von Glück reden, dass er nie in Doktor Kropps Stab gelandet war – da wäre es ihm vergangen! Doktor Kropp würde diese Entscheidung nicht ohne weiteres hinnehmen. Er bat um einen Besprechungstermin beim Vorstand.

»Wir haben uns die Entscheidung nicht leichtgemacht, Herr Doktor Kropp. Ihre fachlichen Fähigkeiten stehen außer Zweifel. Aber ein paar unserer besten Leute haben klargemacht, dass sie das Unternehmen verlassen würden, wenn wir Sie ausgewählt hätten, und nicht Gneis. Selbst Sie müssen zugeben, er hat einen gewissen Blick für das Wesentliche«, hieß es dort.

Diese letzte Bemerkung verstand Doktor Kropp nicht. Was sollte denn das Wesentliche sein, wenn nicht unanfechtbare, glasklare Fachkompetenz?

Auf meiner norditalienischen Burg

Im Fortbildungskurs für künftige Führungskräfte warf der Kursleiter die Frage in den Raum: Wo würden Sie gern mit achtzig stehen? »Denken Sie dabei nicht nur an Berufliches. Ganz allgemein: Wo wollen Sie mit achtzig hingekommen sein?« Es schien auf der Hand zu liegen, was der Kursleiter hören wollte: Ein Bekenntnis zu den wahren Werten. Also sprachen die Teilnehmerinnen und Teilnehmer nacheinander erst zögerlich, dann beherzter vom erfüllten Leben, von der Familie, von der Nachrangigkeit des Materiellen, dem Vorrang von Integrität, Nachhaltigkeit, Respekt, Vertrauen, Verantwortung, Mut.

Kesch kam an die Reihe. Er saß immer in der ersten Reihe, meist mit so einem leicht amüsierten Gesichtsausdruck, der die anderen ärgerte: »Einiges, was hier gesagt wird, erscheint mir reichlich unkonkret. Ich weiß bereits genau, was ich vorhabe: Nachdem ich einige Jahre Erfahrung in der Geschäftsleitung unseres inzwischen verkauften Familienunternehmens sammeln konnte, werde ich nun in die Führungsetage einer Unternehmensberatung wechseln. Ich werde heiraten und mit meiner Frau zwei Kinder haben. Sie werden in meinem Lebenslauf jedoch zunächst nur eine Fußnote bleiben. Mein beruflicher Werdegang wird mich erst an die Spitze eines Versandhauses, sodann an die eines Kommunikationsunternehmens führen, dessen Umstrukturierung zu einem global operierenden Player unter meiner Leitung stattfinden wird. Für meine herausragenden Leistungen werden mir das Bundesverdienstkreuz und einige andere bedeutende Ehrungen zuteil werden. Natürlich wird meine Laufbahn auch einige Neider auf den Plan rufen. Es wird mir vorgeworfen werden, ich hätte Steuern hinterzogen und Konzernmitarbeiter bespitzelt. Ich beschäftige die besten Strafverteidiger der Republik und bleibe von harten Strafen verschont. Die Pensionsansprüche in zweistelliger Millionenhöhe, die ich mir zuvor vertraglich habe zusichern lassen, lasse ich mir auszahlen. Der öffentlichen Empörung darüber wende ich den Rücken zu und begebe mich auf meine norditalienische Burg. Nach einigen wenigen Jahren wird die Aufregung längst vorüber sein, und ich werde mich in wunderbarer Landschaft wohlversorgt meinen Lieben und den wahren Werten zuwenden.«

Die anderen Kursteilnehmer rückten von Kesch ab, als würde er schlecht riechen. Was für ein grässlicher Zyniker! Er hingegen zog die Augenbrauen hoch, formte sein berüchtigtes spitzes Mündchen und lächelte erwartungsfroh den Kursleiter an. Der sah, beinahe schon etwas verlegen, in seine Unterlagen und setzte hinter Keschs Namen auf der Liste der aussichtsreichsten Kandidaten ein Häkchen.

Im Pullover

»Schatz, welchen Anzug soll ich heute anziehen? Schwarz, blau, oder anthrazit?« »Hmm?« »Gepunktete oder gestreifte Krawatte?« »Um was für einen Termin geht es denn?« »Das Treffen mit den Deutschen. Wir übernehmen wahrscheinlich eines dieser zahlungsunfähigen Traditionsunternehmen.« »Ich würde da an deiner Stelle überhaupt nicht im Anzug hingehen.« »Meinst du? Ich weiß nicht. Da sind auch Leute von der Regierung dabei. Die sehen so aus, als würden sie den Anzug nur zum Bügeln ausziehen.« »Ebendarum!« »Wie? Verstehe ich nicht.« »Na, stell dir vor: Die Deutschen sitzen da alle, geschniegelt und gewienert, wie es sich gehört in Anzug und Krawatte am Tisch und warten auf Ciccione, den italienischen Investor. Und er? Kommt eine Viertelstunde zu spät, steigt lässig aus seinem Lamborghini aus und trägt: Hemd und Pullover!« »Ein schickes Hemd und einen schicken Pullover.« »Muss gar nicht sein. Nimm den blauen, den du gestern Abend beim Grillen am See angehabt hast.«

»Ist das nicht ein bisschen unverschämt? Es geht um die Zukunft eines Unternehmens, um Arbeitsplätze. Man hat einander also mit Respekt zu begegnen, mit Würde.« »Du redest schon wie einer von denen. Ihr wollt sehen, ob ihr miteinander ins Geschäft kommt. Und schließlich überlegt ihr euch, eine marode Firma zu kaufen, nicht sie. Was hat dein Pullover damit zu tun?« »Sie könnten es als Mangel an Ernsthaftigkeit auffassen, vielleicht sogar als Mangel an Kompetenz.« »Also bitte, Schatz! Glaubst du wirklich, es gibt Deutsche, die jemanden für inkompetent halten, weil er zu einem Geschäftstermin ohne Krawatte erscheint?« »Du kennst sie nicht so gut wie ich, glaub mir, einige von ihnen sind so. Andere würden es vermutlich einfach für stillos halten, und eigentlich sind es doch wir Italiener, denen man Stilsicherheit nachsagt.«

»Wenn du mich fragst – und du hast mich gefragt –, wenn du im Pullover kommst, machst du damit klar: Du bist der Chef, du kannst es dir erlauben. Keine schlechte Botschaft für ein erstes Treffen, oder? Sie werden es dir nicht übelnehmen. Und wenn doch? Ist es auch nicht weiter schlimm. Wie bemühen sich die Deutschen, ihre Spaghetti so zu essen und ihren Espresso so zu trinken wie wir! Sie wollen so gut Fußball spielen wie wir und imitieren natürlich auch, wie wir uns kleiden. Sage zu einem Deutschen, er sieht aus wie ein Italiener, und er ist dir ewig dankbar! Du wirst sehen, sie werden sich ein bisschen über deinen Auftritt wundern – und bei der nächsten Besprechung sitzen sie alle selbst im Pullover da!«

Schneller als möglich

»Bis wann brauchen Sie das?«, fragte Schilch, nachdem ihm Munk die erste Aufgabe als frisch gebackenem Teamassistenten übertragen hatte. Die Frage, die Schilch ihm da stellte, ließ Munk allerdings den Atem stocken. »Bis wann« – was sollte das heißen? Was für eine andere Antwort konnte Schilch erwarten als: »Sofort. So schnell wie möglich, as soon as possible, asap!«

War es wirklich nötig, darauf hinzuweisen, dass jede Arbeit, die in Auftrag gegeben wurde, so schnell wie möglich getan werden musste? Schlimmer noch. Ließ die Frage »Bis wann brauchen Sie das?« nicht auf ein vollkommen falsches Weltbild schließen? Entscheidend war doch nicht, wann er, Munk, das Ergebnis brauchte! Was Schilch wissen musste, war vielmehr: Wie lange brauche ich, um das zu erledigen? Und warum brauche ich so lange? Und was kann ich tun, um weniger lang zu brauchen? Und wie kann ich es schaffen, während ich dies tue, alle anderen Aufgaben, mit denen ich betraut bin, nicht liegenzulassen?

Munk war in dieser Hinsicht ein Vorbild, an dem sich seine Mitarbeiter orientieren konnten. E-Mails versandte er grundsätzlich unter Verwendung des roten Rufzeichens. Außerdem aktivierte er die Funktion »Empfangsbestätigung«. Natürlich stand es den Mitarbeitern frei, Letztere zurückzusenden. Doch auf diese Weise fand er heraus, wen er im Auge behalten musste. Leute, die nicht bestätigen wollten, eine E-Mail von ihm erhalten zu haben, waren auch imstande, Arbeiten unerledigt liegenzulassen! Bei Munk kam das nicht gut an, und es kam bei ihm auch nicht vor. Alles, was auf seinem Schreibtisch landete, delegierte er asap weiter. An Hinweisen an seine Mitarbeiter, Kunden, Bekannte, Freunde und auch im Kreis der Familie ließ er es nicht fehlen. Alle erhielten sie Verbesserungsvorschläge zur Erhöhung ihrer Arbeitsgeschwindigkeit. Wer nicht asap reagierte, bekam eine Erinnerungs-E-Mail: »Vermutlich haben Sie meine Mail vom … nicht bekommen …«

Da allgemein bekannt war, dass jede seiner E-Mails ankam, war diese Art der Erinnerung besonders peinlich. Wie also konnte es nach alledem sein, dass ein Mitarbeiter in seine Abteilung gelangte, der so wenig über die Dringlichkeit des Dringenden orientiert war? Es war dringend nötig, Schilch damit zu konfrontieren. Ihm in einem einzigen Wort klarzumachen, dass auch die größte Zügigkeit und Eile noch eine Steigerung erfahren kann, dass es immer möglich war, das scheinbar Optimale noch zu verbessern. Munk rang beinahe atemlos um dieses Wort, bis es ihm einfiel. Er hauchte: »Bis wann ich das brauche, Herr Schilch? Asapst!«

Warum ich keine Frauen einstelle

Das Sommerfest war ein voller Erfolg, es regnete nicht, der Abend war warm, das Buffet ausgezeichnet, der Weißwein gut gekühlt, das zweite Quartal trotz Krise mit ordentlichen Zahlen überstanden, von antizyklischen Neueinstellungen war sogar die Rede. Dr. Prick, dem Vorstand und Ehemann der Eigentümerin des Familienunternehmens, wich sein frischer Assistent Knapp nicht von der Seite. Es war das erste Mal, dass sie gemeinsam auf einer Feier unterwegs waren, im Hintergrund lief »Bad« von Michael Jackson, und den stattlichen Dr. Prick drängte es, Stand- und Spielbein wechselnd, offenbar zu einem Geständnis.

»Wissen Sie eigentlich, warum ich Sie eingestellt habe und keine Frau?« Knapp zuckte die Achseln: »Wegen meiner Qualifikationen?« »Nicht Ihr Ernst, Knapp. Wir sind alle für die Chancengleichheit. Sehe ich aus, als hätte ich was gegen Frauen?« Während Dr. Prick, eher symbolisch, suchend den Blick schweifen ließ, lachte Knapp ein bisschen verlegen. »Aber bei aller Liebe: Ich kann einer Frau keinen unbefristeten Arbeitsvertrag geben, und täte ich es noch so gern. Warum? Frauen unter vierzig kriegen früher oder später Kinder.«

Knapp hätte beinahe Luft geholt, um möglicherweise vorsichtig etwas zu bedenken zu geben, aber Dr. Prick wusste, wovon er sprach: »Und kriegen sie bis vierzig keine Kinder, werden sie hysterisch. Also keine unbefristeten Verträge für Frauen unter vierzig. Aus dem gleichen Grund kann ich aber auch Frauen über vierzig schon gar keinen unbefristeten Vertrag geben: Entweder haben sie keine Kinder, dann sind sie hysterisch, oder sie haben Kinder, dann haben sie, wie Frauen unter vierzig mit Kindern, nichts anderes im Kopf als ihre Kinder.«

Knapps Lächeln war gefroren, Dr. Prick bemerkte es und sorgte für weiteren Weißwein. »Wissen Sie, warum ich Ihnen das alles erkläre? Weil ich will, dass Sie sich von den Fesseln der Political Correctness lösen. In der Theorie ist sie eine feine Sache. Aber in der Praxis funktioniert sie nicht.« »Dies alles würden Sie aber niemals öffentlich so sagen, Herr Dr. Prick, nicht wahr?« Die Frage lag Knapp auf der Zunge, aber er stellte sie nicht. Es konnte nur eine Antwort geben, also hätte ihm die Frage entweder als Begriffsstutzigkeit ausgelegt werden müssen oder als Mangel an Loyalität. Da kam Frau Prick, die Gastgeberin, des Weges und bat ihren Mann, ihr seinen neuen Assistenten vorzustellen. »Sehr nett«, sagte sie, »sehr nett. So betreten, wie Sie dreinschauen, hat Ihnen mein Mann gerade erklärt, warum er statt Ihrer keine Assistentin eingestellt hat. Die Wahrheit ist ganz einfach: Ich hab' es ihm verboten.«

Ein Tag am See

Für gewöhnlich waren sich Furch und Fast, die sich an einem Tisch im Großraumbüro gegenübersitzen, Ansporn und Ermunterung zugleich. Da Furch nie krank war und sich auch von kleineren Unpässlichkeiten nicht vom Gang ins Büro abhalten ließ, suchte auch Fast in beinahe jedem Zustand seinen Arbeitsplatz auf, denn er wollte seinem Kollegen nicht an Gewissenhaftigkeit nachstehen. Auch andere Unbilden konnten ihrer Arbeitsmoral nichts anhaben, obgleich der Ausfall der Klimaanlage ausgerechnet zu Beginn der Hundstage auch ihnen einen schweren Schlag versetzte.

Erst beinahe unmerklich, dann immer sichtbarer, litt ihre Kleiderordnung. Dass andere Kollegen sich längst auf casual verständigt hatten, hinderte sie normalerweise nicht, in Anzug und Krawatte zu erscheinen. Doch als bekannt wurde, dass aufgrund ernsthafter Probleme mit der Haustechnik noch eine weitere Woche ohne Klimaanlage zu arbeiten sei, ließen auch Furch und Fast ihren Sinn fürs Förmliche fahren. Ohne es abgesprochen zu haben, kamen beide am nächsten Montag in kurzen Hosen ins Büro. Man hätte es Protest nennen können. Bis Mittag arbeiteten beide vorschriftsmäßig. Dann fragte Furch Fast:

»Können Sie sich an die ›Anekdote zur Senkung der Arbeitsmoral‹ von Heinrich Böll erinnern?«

»Nee.«

»Also: Kommt ein deutscher Tourist ans Mittelmeer und sieht einen Fischer am Strand liegen. Ein malerisches Bild, er will es fotografieren. Er tut es und kommt ins Gespräch mit dem Fischer. ›Wollen Sie nicht rausfahren und fischen, bei diesem herrlichen Wetter?‹, fragt er ihn. ›Ich war schon draußen und habe für heute genug gefangen. Und jetzt liege ich in der Sonne‹, antwortet der. Der deutsche Tourist erklärt ihm, was passieren würde, wenn er stattdessen öfter hinausführe. Er würde mehr fangen, könnte sich bald einen Motor, ein zweites Boot, bald ein, zwei, drei Kutter leisten. Kurzum, er würde mehr umsetzen, könnte die Umsätze reinvestieren und ein riesiges Fischfangunternehmen aufziehen. Und dann, so der

Tourist, dann könnte sich der Fischer beruhigt in die Sonne legen. Antwortet der Fischer: ›Aber das tu' ich ja schon jetzt. Eigentlich stören mich nur Sie.‹«

Furch und Fast wechselten einen verschwörerischen Blick, meldeten sich beide im Personalbüro für den Nachmittag krank und fuhren gemeinsam zu einem nahegelegenen See, wo sie baden gingen, Eis aßen, sich ans Ufer legten und an den Fischer am Mittelmeer dachten. Der Verstoß gegen ihre arbeitsvertraglichen Pflichten blieb unentdeckt und deshalb ohne rechtliche Konsequenzen.

Wen würden Sie wählen?

Gantz, ein Personalreferent, war ein Mann ohne besondere politische Leidenschaft. Gut, er wählte seit seinem 18. Lebensjahr immer die gleiche Partei, allerdings eher aus Gewohnheit denn aus Überzeugung. Er verspürte auch nicht den geringsten missionarischen Eifer. In der Politik durfte – anders als im Erwerbsleben übrigens – jeder vertreten, was er wollte. Politiker zu werden wäre ihm deshalb auch nie in den Sinn gekommen.

Mehr als Überzeugungen erforderte sein Beruf Menschenkenntnis. Ohne sie waren gute Personalentscheidungen einfach nicht zu treffen. Die aber waren unentbehrlich, besonders, wenn sie die eigene Abteilung betrafen. Im Bereich Personal war die Stelle eines Berufsanfängers neu zu besetzen. Nach dem Auswahlverfahren blieben zwei gleich qualifizierte Kandidaten übrig. Das Auswahlgremium, dem Gantz vorsaß, war gespalten. Die einen präferierten Herrn Blink, die anderen Frau Bruck. Für Gantz hingegen war die Sache eindeutig.

In Blinks Blick war etwas Flirrendes. Während des Bewerbungsgesprächs erlitt er einen Schweißausbruch, als es um die Frage ging, was ihn an der ausgeschriebenen Position am meisten interessiere. Demgegenüber machte die Bewerberin Bruck einen viel gelasseneren Eindruck. Gantz wollte sich nicht anmaßen zu wissen, woran das im einen wie im anderen Fall lag, aber er wusste, mit Frau Bruck stimmte die Chemie, mit Herrn Blink nicht. Um das Bewerbungsgespräch mit Herrn Blink für alle Beteiligten gut sichtbar scheitern zu lassen, stellte er ihm schließlich eine wohlbekannte Frage: »Wenn am nächsten Sonntag Bundestagswahl wäre – wen würden Sie wählen?«

Natürlich wusste Gantz, dass es unrechtmäßig war, diese Frage in einem Vorstellungsgespräch zu stellen. Er interessierte sich auch nicht im mindesten für die Antwort. Doch was auch immer Blink sagte, es konnte für ihn nur noch bergab gehen. Wies er auf die Unzulässigkeit der Frage hin, würde ihn auch der gutwilligste von Gantz' Kollegen von der Bewerberliste streichen. Antwortete er ausweichend, musste man das wohl als Unaufrichtigkeit verstehen, und nannte er eine Partei, so war anzunehmen, dass er lediglich das »richtige« Ergebnis erraten wollte. Wenn er aber die Wahrheit sagte, musste das wohl als hilflose Einfalt gelten. Und sollte Blink später gegen diese Praxis zu Gericht ziehen, bewies er damit nicht nur Gantz, sondern auch jedem anderen Arbeitgeber, dass er ein gefährlicher Querulant war, dem man besser keinen Arbeitsvertrag gab.

In der Branche wurde Gantz für sein Vorgehen deshalb außerordentlich geschätzt.

Die Suche nach dem Ebenbürtigen

Es war wieder so weit: Heldt wurde gebeten, seinen Vertrag um weitere fünf Jahre zu verlängern. Seit Jahrzehnten war er der Kopf jenes papierverarbeitenden Unternehmens, das er aus dem Staub zu den Sternen geführt hatte. Es gab noch zwei andere Geschäftsführer, aber neben ihm wirkten sie wie blasse Technokraten. Nützlich, korrekt, doch ohne Strahlkraft. Heldt war ein Charismatiker, von Anfang an.

Er kam aus kleinsten Verhältnissen, hatte erst das Handwerk gelernt, sich dann ein Studium als Werkstudent zusammengespart und währenddessen und später unermüdlich gearbeitet. Nicht verbissen, nicht stur, nicht wie ein Ackergaul. Eher spielerisch, visionär. Zuerst wie ein Orchestermusiker, dann wie ein Dirigent. Immer beseelt von der Idee der Papierverarbeitung, weshalb ihn die Branche spätestens zu ihrem Liebling erkor, als er, in den neunziger Jahren, die Geschäftsführung des vor sich hin dümpelnden Unternehmens übernahm und es in kürzester Zeit an die Spitze führte, wo es sich bis heute hielt.

Alle fünf Jahre musste sein Vertrag verlängert werden, so sah es die Satzung vor. In den vergangenen Jahrzehnten eine reine Formsache. Die Gesellschafterfamilie war unendlich froh, jemanden wie Heldt zu haben, den sie aus ihrer eigenen Mitte nicht hervorgebracht hatte. Als Heldt um einen weiteren Turnus verlängerte, kündigte er an, für die darauf folgende Periode nicht mehr zur Verfügung zu stehen. Er wäre dann 65 Jahre alt, und es gab schließlich noch anderes im Leben als die papierverarbeitende Industrie. Dann hatte er versucht, einen Nachfolger aufzubauen. Vieles war ihm in seinem Berufsleben gelungen, aber nun musste er einräumen, dass er auf ganzer Linie an der Aufgabe gescheitert war, einen auch nur annähernd gleichwertigen Ersatz für sich zu finden. Er hatte Ehrgeizige kennengelernt, Begabte, Fleißige, Angepasste, Unkonventionelle, Energische, Vorausschauende, die alle nichts Besseres im Sinn hatten, als stets nach ihm zu schielen, anstatt selbst zu führen. Einige Aufsässige hatte es auch gegeben, von denen es sich selbstverständlich sofort zu trennen galt. Es waren einige talentierte Leute darunter, aber eine bestimmte Form von Insubordination war Heldt genauso unerträglich wie Unselbständigkeit. Nicht aus Eitelkeit oder weil er nicht loslassen konnte, sondern aus Pflichtbewusstsein unter Hintanstellung seiner persönlichen Belange unterzeichnete Heldt deshalb einen Vertrag auch für die kommenden fünf Jahre, verbunden mit der zugegebenermaßen sehr verwegenen Hoffnung, vielleicht in dieser Zeit endlich einen Ebenbürtigen zu finden.

Oleeeo – leoleee

Einmal jährlich stieg Bruns aus den lichten Höhen der Geschäftsführung hinab in die Tiefen der Produktion und tat sich mit Männern zusammen, von denen er ansonsten – meist in für sie ungünstigen Fällen – höchstens die Personalakte zu Gesicht bekam.

Bruns lief mit ihnen, die im Schnitt zwanzig Jahre jünger, halb so schwer und doppelt so schnell waren wie er, in der Betriebsfußballmannschaft auf. Ein Mann unter Männern. Er genoss dieses einfache, ehrliche Zusammengehörigkeitsgefühl, das sich da sofort einstellte. »Damit das klar ist. Für die Dauer des Spiels sind wir per du. Nennt mich bei meinem früheren Spitznamen: Gerd. Wie Gerd Müller, versteht ihr?«, gab er in der Kabine seinen Mitspielern vor. Die nickten zwar, trotzdem sprach keiner ihn so an. In den siebziger Jahren hatte Bruns nach eigenen Angaben eine überragende Rolle im Sturm der SpVgg Kleinknustheim gespielt. Viele, zu viele seiner Sätze begannen mit dem Wort »früher«.

Die Betriebsmannschaft war gut trainiert, viele Vereinsspieler waren dabei, eine schlagkräftige Truppe. Der Gegner für das Spiel mit Bruns war sorgfältig ausgewählt worden, ein schlagbarer Gegner, dankbarerweise auch noch Betriebsmannschaft eines Zulieferers. »Die spielen wir in Grund und Boden«, raunte Bruns seinen Männern bei Anpfiff zu. Ohne Zögern nahm er seine Position am gegnerischen Elfmeterpunkt ein, von dem er sich im gesamten Verlauf des Spiels nicht weiter als fünf Meter entfernte. »Her mit der Kugel!«, brüllte er, und: »Früher waren die Pässe besser!«

Ein ungeschriebenes Gesetz besagte: Das erste Tor gehörte Bruns. Kein anderer durfte es schießen. Bruns' Team war drückend überlegen. Pass auf Pass wurde ihm zugespielt, er verstolperte, schoss übers Tor, in die Hände des Torwarts, schlug in den Boden. Noch in der neunzigsten Minute stand es 0:0. Ein Unentschieden konnte verheerende Auswirkungen auf die Beschäftigungslage des Unternehmens haben. Da nahm sich Klos, von halb links kommend, ein Herz, zielte genau, zog aus vollem Lauf ab und traf, wie beabsichtigt, Bruns mit voller Wucht am Kopf, von dem der Ball abprallte und unhaltbar ins Kreuzeck des gegnerischen Tores flog. 1:0! Der Siegtreffer! Eine kurze Ohnmacht Bruns' verhinderte, dass er sogleich davon erfuhr. Als er aber wieder zu sich kam, half ihm Klos auf und gratulierte ihm. Bruns nahm die Nachricht mit der Gelassenheit auf, die dem Selbstverständlichen gegenüber angebracht ist.

Unter der Dusche stimmte er einen Siegesgesang an. »Oleeeo-leoleee ...!« Seine Mannschaftskameraden stimmten aus vollem Hals ein. Ihre Jobs waren für ein weiteres Jahr gesichert.

Würden Sie bitte den Tisch decken?

»Herr Gant? Würden Sie bitte den Tisch decken? Weißes Geschirr, blaue Servietten, Wassergläser, Gebäck und so weiter, Sie wissen schon …« »Sicher, Frau Gross.« Gant bemühte sich, so zu klingen, als hätte seine Vorgesetzte gerade etwas ganz Normales von ihm verlangt. Er war gewarnt worden. Von ihr selbst, bei seiner Einstellung. »Wenn Sie mein Assistent werden«, hatte Frau Gross gesagt, Geschäftsführerin Creative, »bedeutet das nicht, dass Sie mir assistieren – es bedeutet, dass Sie mir gehorchen!« »Sicher, Frau Gross«, hatte er geantwortet. Auch damals hatte er sich bemüht, so zu klingen, als hätte sie gerade etwas ganz Normales gesagt.

»Sie unterstützen die Geschäftsleitung im operativen Tagesgeschäft, bei konzeptionellen Aufgaben und strategischen Fragestellungen. Eigenverantwortliche Koordination bereichsübergreifender Projekte ist für Sie eine Selbstverständlichkeit ebenso wie die eigenverantwortliche Übernahme von Sonderaufgaben. Sie blicken zurück auf ein mit der Note ›sehr gut‹ abgeschlossenes wirtschaftswissenschaftliches Studium mit Auslandsbezug oder eine vergleichbare Qualifikation …«

Das hatte in der Stellenausschreibung gestanden, auf die er sich beworben hatte. Von Tischdecken hatte nichts darin gestanden. Doch vor wichtigen Sitzungen bat sie ihn regelmäßig darum. Es bereitete ihm nicht das geringste Vergnügen, von den Eintreffenden für einen Angehörigen des Facility Managements gehalten zu werden, aber er wollte tapfer sein.

Diesmal jedoch meinte Gant, als Frau Gross ihm auftrug, den Tisch zu decken, den winzigen Anflug eines Lächelns bei ihr entdeckt zu haben. Er begriff, dass es ihr etwas gab, ihn diese Arbeit tun zu lassen. Allein deshalb verlangte sie es von ihm. Dafür stand er nicht zur Verfügung. Doch Frau Gross war niemand, dem man so einfach widersprechen konnte. Sie neigte zu Ausfälligkeiten. Beim nächsten Mal aber würde er wohlbegründeten Einspruch einlegen, rechtzeitig. Und er würde vorher eine Alternativlösung entwickeln, damit sie sich nicht auf Sachzwänge herausreden konnte.

Vor der nächsten Sitzung rief sie ihn wie immer zu sich. Er ging zu ihr, nahm allen Mut zusammen und war fest entschlossen. Als er vor ihr stand, holte sie Luft, sah ihn an, wollte sichtlich schon ihren üblichen Auftrag erteilen und hielt dann doch inne. Es kam Gant vor, als lese sie seine Gedanken. Sie sagte: »Ich frage mich manchmal, ob ich Ihnen das wirklich zumuten kann, jedes Mal den Tisch zu decken. Vielleicht sollte ich mich nach einem anderen Assistenten umsehen.« »Nicht doch, Frau Gross«, sagte Gant. »Für mich ist das überhaupt kein Problem!«

Was war denn nur los?

Ein angenehmes Summen ertönte, die ansonsten vollautomatisch gesteuerten Rollos wurden mittels Knopfdrucks heruntergefahren, der Konferenzraum verdunkelte sich, die Anwesenden, die Gesandtschaft des Kunden wie auch die Mitarbeiter der Agentur fühlten sich unweigerlich an die Vorfreude vor einem Kinobesuch erinnert. Zink hatte den Laptop hochgefahren und an den Beamer angeschlossen, eine verheißungsvolle 3D-Animation zeigte den ins Monumentale aufgeblasenen Kundennamen im Licht eines Sternenhimmels. Nur ein Screensaver, ein kleiner Scherz. Doch jetzt begann die eigentliche Präsentation.

Klops, Mitarbeiter der Agentur, stand auf. Es war sein Moment. Produkte, Dienstleistungen, Skills des Kunden sollten mit der neuen Kampagne aus völlig neuer Perspektive gezeigt werden. Klops stellte sich neben den Beamer und begann locker, eloquent. Jeder konnte sofort erkennen: Der Mann war in Hochform. Jeder erkannte aber auch sofort: Seine Hose stand offen. Im Halbdunkel des Raumes lugte ein weißer Hemdzipfel hinter dem offenen Reißverschluss hervor.

Zink dachte, das kann doch in unseren herrlich unverkrampften Zeiten kein großes Problem darstellen. Wir leben ja nicht in den fünfziger Jahren! Sein erster Impuls war deshalb: Schnell aufstehen, zu Klops hingehen, ihn dezent darauf hinweisen. Wenn Klops geistesgegenwärtig war, drehte er sich kurz um, zog den Reißverschluss zu, wandte sich mit einem überlegenen Lächeln wieder seinem Publikum zu, und der Fall war erledigt. Doch als Zink in die Gesichter der Zuschauer sah, fürchtete er, es könnte dafür schon zu spät sein.

Diejenigen, welche Klops' Arbeit schätzten, sahen bestürzt drein, die Neutralen mitleidig, die eher Abgeneigten belustigt und einige sogar hämisch. Doch wie auch immer sie dazu standen, alle hatten sie Klops ein Wissen voraus, das dessen Vortrag zur Nebensache machte. Und das, obwohl Klops wirklich gut war, originell, überraschend, gewinnend, positiv, überzeugend – aber eben all das mit offener Hose. Und niemand konnte oder wollte etwas tun. Seine Mitstreiter wollten ihn nicht noch mehr bloßstellen. Der richtige Zeitpunkt für einen Hinweis war längst verpasst.

Seine Feinde ergötzten sich an seiner Selbstdemontage. Er war verloren wie auf offener See. Als er fertig war, wurde stark applaudiert. Seine Kampagne wurde abgelehnt. Hinterher fragte er Zink: »Was war nur los, ich war doch gut!« Jetzt brachte Zink es erst recht nicht mehr übers Herz, es zu sagen. Klops würde es selbst bald herausfinden. Er sagte nur: »Ehrlich. Ich kann's mir auch nicht erklären.«

Der richtige Stallgeruch

Es war nicht leicht zu erklären, was Hink eigentlich gefehlt hatte. Was letztlich zu jenem unvermeidlichen und für ihn unrühmlichen Ende führte, das sich niemand gewünscht haben konnte. Denn darin waren sich alle einig, das, was Hink passiert war, konnte sich niemand gewünscht haben.

Dabei war er anfangs als einer der aussichtsreichsten Aspiranten erschienen in diesem hier im Unternehmen völlig neuartigen Trainee-Programm, in dem man, seit langem einmal wieder, Geisteswissenschaftler mit harten wirtschaftlichen Themen konfrontierte. Vor rund zehn Jahren hatte man schon einmal so ein Projekt gestartet, gegen den Willen einiger alter Hasen, die der Ansicht waren, so ein Schöngeist wäre niemals in der Lage, nüchtern und zielstrebig zu arbeiten und dabei die Zahlen im Auge zu behalten.

Wessen Idee war es eigentlich gewesen, ausgerechnet diesen Hink ebendiesen alten Hasen zur Ausbildung zu überlassen? Schon auf den ersten Blick erkannte man, dass hier überhaupt nichts passte. Die alten Hasen waren alle eher stämmig, trugen graue einreihige Anzüge, die an ihnen keine Spur elegant erschienen, eher wie Kampfanzüge. Den obersten Kragenknopf trugen sie hinter dem breiten Krawattenknoten geöffnet. Hink hingegen, einen Kopf größer als sie, betonte seine Größe noch durch seinen Kreidestreifenanzug. Mit seinem zurückgekämmten schwarzen Haar, seiner schlanken Statur und seiner geraden Haltung hielt ihn jeder für den Chef der Abteilung, dabei war er noch nichteinmal Teil der Hierarchie und damit der Unterste von allen!

Fachlich machte sich Hink übrigens ausgezeichnet. Er war wissbegierig, hatte eine gute Auffassungsgabe, machte so gut wie keine Fehler, entwickelte schnell eigene Ideen, verlangte stets nach Arbeit. Aber bei alledem war zu beobachten oder meinten einige zu beobachten, dass es bei ihm da einen Vorbehalt gab. Er sagte nie etwas dergleichen, aber manch einer von den alten Hasen konnte sich auch nicht helfen und hatte so ganz im Hintergrund das Gefühl, Hink könnte sich für zu gut für diese Arbeit halten. Könnte sie für unbedeutenden Kleinkram halten. Pipifax.

Was hatte er studiert? Kulturwissenschaften? War das nicht ein anderer Ausdruck für Nichtstun? Nichtstun und dabei unverständliches Zeug reden? Na, man wollte nicht ungerecht sein. Vielleicht konnte er in seinem Fach ja noch was werden, aber es war gut, dass sein Vertrag hier nicht verlängert wurde. Wenn also hin und wieder einmal die Rede darauf kam, warum es mit Hink nicht gutgegangen war, einigte man sich auf die Formulierung: Er hatte nicht den richtigen Stallgeruch.

Eine Frage der Organisation

Pflaum rief bei Frau Kwick an, seiner neuen Assistentin: »Hab' ich um elf Zeit?« »In einer halben Stunde, meinen Sie?« »Kann sein, ich meine heute Vormittag.« »Da steht: Budgetbesprechung mit Glock.« »Und danach?« »Elfuhrdreißig: Julian.« »Das ist mein Friseur. Muss unbedingt stehen bleiben. Sie haben ja gesehen, wie ich aussehe.« »Gut, elfuhrdreißig Julian bleibt.« »Ja. Rufen Sie Glock an und verschieben Sie den Termin. Sagen Sie, ich müsse mich mit Bär von der RealInvest treffen, das könnte auch für ihn interessant werden.« »Gut, und dann rufe ich Bär an?« »Nein, mit dem treffe ich mich nicht. Das heißt, doch, rufen Sie Bär an. Sagen Sie ihm, falls Glock ihn danach fragt: Bär und ich hätten uns getroffen. Es wäre auch für Glock interessant. Dann machen Sie einen Termin aus mit Bär.« »Für heute?« »Nicht für heute. Für übernächste Woche. Und nächste Woche sagen sie ihn wieder ab. Selbständig, damit ich mich nicht mehr darum kümmern muss.«

»Gut, und dann?« »Dann rufen Sie Spatz an. Sie

wissen? Spatz von EmpireConsult. Habe ihn gerade bei einem Meeting getroffen. Wissen Sie, wo?« »Hier steht: bei Pierce & Pierce.« »Nein, Spatz hat mit Pierce & Pierce nichts zu tun. Spatz gehört zu MaybeManagement, ein Shuttle hat uns rübergebracht. Große Runde. Und da treff' ich eben Spatz, der mich fragt, ob ich spontan Zeit hätte um elf für eine halbe Stunde gutes, altes Powersquash.« »Gut. Ich rufe Glock an, verschiebe den Termin, dann Bär, und bestätige anschließend Spatz, dass Sie um elf Zeit für eine halbe Stunde Squash mit ihm haben.« »Nicht Squash! Powersquash!« »Natürlich, Powersquash.«

Pflaum legte auf, sah den neben ihm stehenden Spatz an und sagte: »Könnte klappen.« Fünfundvierzig Sekunden später klingelte Spatz' Handy. Seine Assistentin war dran. Er ordnete die Verschiebung von drei Terminen an und bestätigte: »Elf Uhr eine halbe Stunde Powersquash mit Pflaum.« Nach dem Auflegen nickte er Pflaum zu. Markiges Einverständnis. Für zwei Spitzenkräfte wie sie war die kurzfristige Umsetzung einer beherzt getroffenen Entscheidung kein Problem.

Gut, Squash war wirklich keine angesagte Sportart mehr, auch wenn man sie Powersquash nannte, aber sie hatte den Vorteil, dass man sich in null Komma nichts auspowern konnte, und das war unbestritten sehr effektiv und zeitsparend. Pflaum und Spatz machten sich auf den Weg zum Club. Da kein Taxi vor der Tür stand, rief Pflaum noch einmal Frau Kwick an, die eines für ihn bestellte. »Wie bist du zufrieden mit deiner neuen Assistentin?«, fragte Spatz. Pflaum antwortete: »Sehr. Sie lernt langsam, ihre Tage zu organisieren!«

Der Garagenwart

Nachts saß Wisch, der Garagenwart, oft stundenlang in seiner Plexiglaskabine, ohne dass sich etwas rührte. Reglos saß er dann auf seinem Stuhl und beobachtete das Licht in den Neonröhren über den Stellplätzen der Direktion. Meist summte er Melodien von Frank Sinatra dazu. Er war ein großer Verehrer des unvergessenen Sängers. An der Wand hinter sich hatte er ein Poster von ihm aufgehängt und mit schwarzem Filzstift darauf geschrieben: »Sei nett zu den Leuten, die Du auf dem Weg nach oben triffst. Du wirst sie auf dem Weg nach unten wieder treffen.« Er wusste, dass es nicht von Frank Sinatra stammte, aber er fand, es passte gut zu ihm.

Beim Beobachten der Neonröhren fiel Wisch auf, dass diese keineswegs einfach nur so vor sich hin leuchteten. Wenn man die Zeit hatte, sie zu betrachten, entdeckte man vieles. Zum Beispiel unterschied Wisch mindestens zehn unterschiedliche Arten des Flackerns.

Letzthin aber war ihm ein Zusammenhang aufgefallen, der alles bisher Beobachtete weit in den Schatten stellte. Wisch hatte Grund zu der Annahme, es bestehe eine Verbindung zwischen dem Zustand der Beleuchtung über den Stellplätzen und dem beruflichen Fortkommen von deren Besitzer. Konnte man an den Neonlampen tatsächlich die Befindlichkeiten der Chefetage ablesen? Einiges sprach dafür. Beispiel eins: Am Tag als Volldirektor Tink in der Cafeteria einen Herzanfall erlitt, hatte die Neonröhre über seinem Stellplatz bereits stundenlang in höchster Frequenz geflackert. Beispiel zwei: Als Dr. Grib von Polizisten in Zivil durch die Garage abgeführt wurde, wegen Vorteilsannahme, wie es hieß, rief er zwar: »Glauben Sie nicht, was Sie sehen, Wisch! Es ist alles ein Irrtum«, doch das war schon ein paar Monate her, und er saß noch immer. Das Licht in der Lampe über seinem Stellplatz wurde mit der Zeit immer gelblicher, als stürbe es langsam ab, begleitet von einem phasenweisen, bedrohlich wirkenden Brummton.

Wisch wurde jäh aus seinen Träumereien gerissen, als plötzlich Direktor Romp vor ihm stand.

»Sie haben ja wohl überhaupt nichts zu tun, wie?« Wisch zog es vor, nicht zu antworten.

Weil er nun schon in Meckerlaune war und ihm offensichtlich gar nichts anderes einfiel, bellte Romp: »Hängen sie das Plakat da ab! Außerdem ist das Zitat gar nicht von Sinatra, wie jedermann weiß! Es stammt vielmehr von dem nahezu vergessenen Dramatiker Wilson Mizner, nicht wahr, Herr Wisch?«

In diesem Augenblick platzte die Lampe über Romps Parkplatz. »Was soll das denn nun bedeuten?«, schnauzte Romp. »Tja, wenn man das immer wüsste«, antwortete leise Wisch.

Verhaltenstherapie

»Hören Sie auf, sich mit anderen zu vergleichen«, sagte Schrink zu Schwarz, seinem Patienten, am Ende ihrer Sitzung. Schwarz ging nun schon geraume Zeit zu Schrink, einem Verhaltenstherapeuten, aber eine wirkliche Besserung konnte er noch nicht feststellen. Schrink wollte ihm beibringen, an seiner Selbstwahrnehmung zu arbeiten und aufzuhören, sich ständig mit der Frage zu beschäftigen, ob er »besser« oder »schlechter« als andere sei. Dienstags kam Schwarz deshalb immer etwas später ins Büro. Dort sagte er, er käme von der Rückengymnastik, denn er hatte wenig Lust, sich vor versammelter Mannschaft als Psycho zu outen.

Sein aktuelles Problem hieß Rich. Er und Rich galten als aussichtsreiche Aspiranten für die nächste Beförderungsrunde.

Schwarz konnte sich nicht erklären, warum er gegenüber Rich überhaupt in Betracht gezogen wurde. Rich war ein Jahr jünger als er, hatte aber zwei Jahre mehr Berufserfahrung. Sein Studium hatte Rich mit einer glatten Eins abgeschlossen, was er gerne und oft erwähnte, Schwarz nicht. Rich und Schwarz waren beide verheiratet, aber Richs Frau war beruflich erfolgreicher als seine, deshalb lebten die Richs auch in einem größeren Haus als die Schwarzens. Außerdem hatten die Richs ein Kind mehr. Alle Kinder der Richs waren in der Schule ziemliche Asse, was man von den Schwarz-Kindern leider nicht behaupten konnte.

Auf die Frage: »Was hat er, was ich nicht habe?« fielen Schwarz also genügend Antworten ein. Er richtete sich deshalb darauf ein, sie gegebenenfalls besser nicht zu stellen. Später am Tag kam er an Richs Zimmer vorbei, der dort gerade mit einer Sektflasche hantierte. »Nun ist es passiert«, dachte Schwarz, senkte den Kopf und wollte weitergehen, doch Rich rief: »Kommen Sie, Herr Schwarz, ich habe einen kleinen Umtrunk zu Ehren von Frau Lein initiiert. Sie hat heute Geburtstag.«

»Genau, ja, richtig!« jubelte Schwarz unversehens. Er konnte sich nicht erinnern, sich je dafür interessiert, geschweige denn je gewusst zu haben, wann Frau Lein Geburtstag hatte. Rich bewies schon jetzt mehr Führungskompetenz als er. Es war zum Heulen. Da erblickte Schwarz plötzlich etwas auf Richs Schreibtisch, das in ihm wahre Glücksstürme entfesselte: eine Visitenkarte von Dr. Schrink! Rich war also auch in Behandlung. Alles nur Fassade und dahinter gähnende Leere? Schwarz freute sich darauf, Rich auf die Probe zu stellen.

»Dr. Schrink? Wer ist das denn?«

»Das ist so eine Art Coach, zu dem ich einmal die Woche gehe. Kann ich Ihnen nur empfehlen.«

Schwarz wurde bleich. Bei Rich schlug die Therapie offenbar vergleichsweise viel besser an als bei ihm.

Und?

»Und?« Kers stellte diese Frage jedem, dem er begegnete, wenn er morgens in die Firma kam. Was damit gemeint war? Man konnte es für die kürzestmögliche Form halten, nach dem Befinden der anderen zu fragen. Klar, »und« ist auch nur ein Wort, aber aus Kers' Mund bedeutete es so vieles mehr. Man musste ihn sich dabei nur ansehen: der maßgeschneiderte Anzug, die Manschettenknöpfe, die Gesichtsbräune, die sich sicher nahtlos unterhalb des Kragens fortsetzte, und dieses unwiderstehliche Jungslächeln, dieses Freibeuterlächeln, das einen einlud, die nächsten Abenteuer mit ihm gemeinsam zu bestehen, vor denen andere Angst haben mochten, er aber nicht!

Und es war ganz klar, was Kers hören, sehen oder auf irgendeine Weise signalisiert bekommen wollte: »Guten Morgen, Chef, toll, dass heute wieder Montag ist. Zwar habe ich mich am Wochenende beim Surfen, Tennisspielen, Golfen, Family-Events, Reiten, Bergsteigen, Cabrio-Fahren, Mit-den-Kindern-spielen und Grillen richtig gut erholt, weshalb ich auch so energiegeladen und voll drauf bin, aber das ist alles nichts gegen die Aussicht, an den kommenden fünf Tagen wieder sechzig Stunden lang alles zu tun, was Sie von mir verlangen, und das zu ertragen, was Sie Ihre ›unglaubliche Power‹ nennen würden.«

Wen interessiere da schon die Wahrheit, die so aussah, dass Stich sich am Freitagabend beinahe bewusstlos vor Erschöpfung aufs Sofa gerettet hatte, um es zappend, mehr oder weniger achtundvierzig Stunden nicht mehr zu verlassen, und sich sein Enthusiasmus, nun wieder in dieses dornige Gestrüpp von Ablage, Korrespondenz-Hickhack und Telefonwahnsinn hineinzuspringen, in absolut übersichtlichen Grenzen hielt?

Kers durfte das alles nie erfahren. Zutiefst enttäuscht wäre er dann von Stich, würde vor versammelter Mannschaft beteuern, dass er ihm mehr zugetraut hätte, er ihn für einen Beweger und Entscheider gehalten habe, aber auch er, Kers, sei eben nicht dagegen gefeit, sich zu täuschen und deshalb auch nicht davor, Enttäuschungen zu erleben. Es konnte doch keinen Zweifel daran geben, dass hier das beste Betriebsklima der Welt herrschte, oder? Also riss Stich sich zusammen, wuchtete seine Fäuste in die Höhe streckte sie Kers entgegen und reckte unter Aufbietung all seiner Kräfte beide Daumen in die Höhe und rief: »Aber immer!«

»Das will ich hoffen!«, rief Kers, hochenergetisch, und verschwand, umschwärmt von den ersten drei Mitarbeitern, die er zu sich bestellt hatte, in seinem Büro.

Stich fühlte sich nach seiner Geste dem Zusammenbruch wieder ein gutes Stück näher.

Die Frage des Patriarchen

Klein war noch in der Probezeit, als er hörte, dass der Chef persönlich beinahe täglich auf dem Firmengelände anwesend war. Kulp trug den Namen einer Dynastie, die er nicht begründet, aber doch zu neuen Höhen geführt hatte, und auch nachdem aus dem Familienunternehmen ein multinational agierender Konzern geworden war, blieb er Mehrheitsgesellschafter und das Gesicht der Firma. Er liebte es, auch heute noch »mit den Menschen«, wie er sagte, zu sprechen. Natürlich ging es ihm dabei nicht ums Geplauder.

Die anderen erzählten Klein, Kulp liebe es, seinen Mitarbeitern »die Spezialfrage« zu stellen. Er musste lange danach gesucht haben, aber schließlich hatte er sie gefunden. Sie zielte direkt aufs Herz des einfachsten Hilfsarbeiters wie der höchsten Führungskraft und legte untrüglich offen, wofür es schlug. Sie lautete: »Was haben Sie heute schon für mich getan?«

Zuerst fand Klein sie gar nicht so schlimm, aber je länger er nach einer befriedigenden Antwort suchte, desto unwohler fühlte er sich bei der Vorstellung, Kulp zu begegnen. Was hätte er schon sagen können? »Ich habe mein Ablagekörbchen für Sie geleert?« Wohl kaum. Hier der Patriarch, der mit seiner Frage für einen Moment das Geschick des gesamten Konzerns in die Hände des Befragten legt, und dort der kleine Klein, dem nichts weiter einfällt, als zuzugeben, dass er einfach so vor sich hin pusselt wie jeden Tag? Wie sähe die Szene wohl in einem Film aus, fragte er sich. Nicht nur er, sondern zuerst einer, dann mehrere, dann viele Angestellte würden ihre Köpfe hinter ihren Bürotüren hervorstrecken und ihrem Herrn freudig zurufen: »Ich habe den Umsatz gesteigert!«, »Ich habe eine Verbesserung erfunden!«, »Ich habe eine Einsparungsmöglichkeit entdeckt«, und so weiter. Aber so war das Leben nicht!

Klein kam nicht weiter und nahm sich einfach vor, Kulp aus dem Weg zu gehen, falls er ihm einmal begegnen sollte. Dann aber geschah es. Die Lifttür ging auf, Kulp stand darin, neben ihm ein Assistent, Klein wich einen Schritt zurück, wollte schon sagen, er gehe lieber zu Fuß, doch da hatte

Kulp ihn bereits hereingewunken und stellte seine Frage. Klein, dem, wie befürchtet, absolut nichts Passendes einfiel, schlug die Augen nieder. »Sehen Sie? Nur einer von zehn bringt was heraus. Wenn überhaupt«, sagte Kulp zu seinem Begleiter, der eifrig nickte, und dann wieder zu Klein: »Na, dann also: weitermachen. Aber beim nächsten Mal will ich was hören!«

Auch Klein nickte eifrig, lief, sobald es möglich war, in kurzen Schritten davon und hatte dabei das deutliche Gefühl, zu schrumpfen.

Frauen und Fußball

Seit der letzten Budgetverschiebung waren die Verhältnisse zwischen Minz und Klops etwas angespannt. Offen gestanden herrschte Funkstille. Zwar hatte man halbherzig beiderseits erklärt, man könne etwaige Unstimmigkeiten einmal bei Gelegenheit aus der Welt schaffen, aber scharf darauf war keiner von beiden. Um ihr Bemühen echt aussehen zu lassen, beauftragten Minz und Klops dennoch beide ihre Sekretärinnen, in den nächsten Wochen einen gemeinsamen Termin zu vereinbaren. Zuvor hatten allerdings Minz wie Klops dafür gesorgt, dass ihre Kalender in diesem Zeitraum inklusive der Abendtermine vollständig zugepflastert waren. Dass man keine Zeit hatte, sollte so als eine Art höherer Gewalt erscheinen.

Die Sekretärinnen kostete es allerdings nur wenige Minuten herauszufinden, dass sowohl Minz als auch Klops sämtliche Europameisterschaftsspiele als Termine blockiert hatten. Damit ergab sich die Möglichkeit, nach der sie gesucht hatten. Sie waren sich schnell einig: Was konnte der Aussöhnung ihrer Chefs dienlicher seien, als ein gemeinsames vor dem Fernseher durchgestandenes Fußballspiel? Sie gingen die in Frage kommenden Paarungen durch. Ein gemeinsames Finale von Minz und Klops verwarfen sie sofort als zu emotional, zu ergreifend, der aktuellen Gefühlslage unangemessen. Ein Vorrundenspiel hingegen wäre zu unverbindlich und belanglos gewesen. Richtig erschien ein Viertelfinale, wenn möglich mit deutscher Beteiligung. Im günstigsten Fall würden sich Minz und Klops in den Armen liegen, im ungünstigsten könnten sie die Solidarität im Unglück erfahren, die im Sport und auch außerhalb schon so einige wieder zusammengebracht hatte.

Die Sekretärinnen einigten sich auf einen Termin und trugen ihn in die elektronischen Terminkalender ihrer Chefs ein. Als diese auf den Termin stießen, stellten sie beide ihre Mitarbeiterinnen zur Rede, die erklärten, das sei wohl nun nicht mehr rückgängig zu machen. Minz war der Erste, der die Initiative ergriff. Wenn überhaupt, war Hilfe jetzt nur noch auf dem direkten Weg zu bekommen. Er rief Klops an, auf der Durchwahl. Er sagte: »Ich sage Ihnen, wie es ist: Ich will mir an dem Abend das Spiel anschauen.« Klops schwieg einen Moment, presste dann hervor: »Ich auch. Wollen wir zusammen?« Es klang wie ein Jawort. Welch ein unvermuteter Moment größter Innigkeit. »Gott sei dank können wir unter Männern so einfach miteinander reden«, sagte Minz mit kehliger Stimme. »Ja. Und Frauen haben einfach keine Ahnung vom Fußball«, sagte Klops.

Die Vorstandssekretärin

Seit Schwenk die Personalverantwortung für seinen Bereich alleine trug, war der Frauenanteil unter seinen Mitarbeitern signifikant gestiegen. Mit einer gewissen gesteigerten Aufmerksamkeit verfolgte dies auch Frau Schwenk. Wenn er stirnrunzelnd erzählte, er habe wohl diese oder jene Stelle neu zu besetzen, argwöhnte sie: »Vermutlich mit einer weiteren bezaubernden Assistentin.« »Wir wissen beide, dass Frauen fleißiger, intelligenter, besser ausgebildet und teamfähiger sind als Männer«, sagte er. Frau Schwenk sah ihn prüfend an. »Solange sie dabei auch unansehnlich sind, habe ich nichts dagegen«, sagte sie. Er schwor, er denke an das Wohl seiner Familie und an das Wohl seiner Firma und sonst an überhaupt nichts.

Als die Stelle seiner Sekretärin zu besetzen war, sprach sich Frau Schwenk vehement für die Bewerbung einer ehemaligen Vorstandssekretärin aus, die bereits die Sechzig überschritten hatte. »Die sieht blendend aus und beherrscht ihren Job wie keine Zweite. Die nimmst du.« »Ja klar, und kaum habe ich mich an sie gewöhnt, geht sie in Rente.« Frau Schwenk, das war ihrem Mann klar, war in diesen Dingen befangen. Mochte sein, dass seine häusliche Informationspolitik nicht immer transparent genug gewesen war, aber das nur, weil er sich grundlos unter Druck gesetzt fühlte obwohl er sich nicht das Geringste vorzuwerfen hatte. War es zum Beispiel wirklich nötig, dass er seiner Frau alle Bewerbungen vorzeigen musste, wie ein Schüler seine Hefte? Keinesfalls! Die eine, für die er sich letztlich entschied, zeigte er seiner Frau nicht.

Sie hieß mit Vornamen Ivette, war fünfundzwanzig Jahre alt, hatte eine perfekte Figur und war schlicht und einfach das, was man eine Schönheit nannte. Jeder, der sie in Schwenks Vorzimmer sah, schmunzelte unweigerlich. Schwenks Kollegen gratulierten ihm. »Da hast du deine Frau aber wohl nicht gefragt, wie?« scherzten sie. Natürlich kam die Personalie auch Frau Schwenk zu Ohren. Sie blieb gelassen, zumindest äußerlich, sogar, als sie das Foto von Ivette auf der Firmenhomepage sah.

Sie wartete das Betriebsfest ab, zu dem auch Ehepartner eingeladen waren. Ihr Erscheinen und ihre Begegnung mit Ivette wurde allgemein mit Spannung erwartet. Schwenk wirkte sehr nervös, als er die beiden Frauen einander vorstellte. Frau Schwenk hingegen wirkte ganz frei, strahlte und sagte zu Ivette: »Ich bin froh, Sie jetzt persönlich kennenzulernen. Sie sehen ja noch viel besser aus als auf dem Foto! Das beruhigt mich, denn jetzt weiß ich: Bei Ihnen hat mein Mann wirklich nicht die geringste Chance!«

Auswärtstermin

Es war nicht zu fassen! Kapp stand seit einer geschlagenen Viertelstunde an dem Parkplatz, den sie als Treffpunkt vereinbart hatten. Gut, es waren zuvor noch einige Dinge zu erledigen gewesen, aber sie hatten einen Auswärtstermin, da wollte man doch nicht zu spät kommen. Aber es schien nicht nur niemand nötig zu finden, Kapp zu informieren, dass man später komme. Es fühlte sich offenbar überhaupt niemand dafür zuständig, ihn anzurufen!

Kapp kochte vor Wut, er rief alle Nummern durch, aber niemand ging ran. Er fauchte auf Mailboxen, man möge ihn doch zurückrufen gelegentlich! Passierte natürlich nicht! Dabei hatten sie alles minutiös besprochen. Noch am Morgen hatte Kapp jeder und jedem Einzelnen genau erklärt, was sie oder er zu tun hatte und wann. So machte er es immer, und so lief es auch in der Regel gut, wenn sich alle an seine Maßgaben hielten. Wenn aber schon diejenigen, die eigentlich Führungsverantwortung übernehmen sollten, nicht funktionierten, was sollte dann überhaupt funktionieren!

Er bemerkte, dass er innerlich ein bisschen vor dem Wort »funktionieren« in diesem Zusammenhang zurückschreckte. Das hätten seine Leute sicher nicht gern gehört, »denn sie sind ja schließlich keine Maschinen«. Aber das war doch ohnehin klar. Und man musste sich wohl kaum in einen seelenlosen Apparat verwandeln, um wenigstens einen rudimentären Sinn für Pünktlichkeit zu entwickeln! Bei seinen Überlegungen geriet Kapp immer mehr ins Grundsätzliche. Schon die Form, in der sie kommunizierten, war vermutlich vollkommen falsch. Es war ja genaugenommen keine Form, sondern ebenjene Formlosigkeit, die eben alles angeblich bequemer machte.

Dieses Geduze zum Beispiel war eine Plage. Früher waren einfach alle per Sie, egal, ob sie sich nahestanden oder nicht. Im äußersten Fall siezte man sich und nannte sich beim Vornamen. Heute hieß es schon, bevor man sich noch richtig vorgestellt hatte: »Wir können uns duzen!« Viele verstanden das von vornherein als Aufforderung zum Schlendrian. Wenn er Derartiges laut aussprache, würden sie ihm glatt den Vogel zeigen, das wusste er auch, aber er war es einfach nicht gewohnt, dass er so hängen gelassen wurde. Er wollte das normalerweise wirklich nicht so heraushängen lassen, aber er war doch schließlich der Chef von diesem Haufen!

Endlich bog der Wagen um die Ecke, nach dem er die ganze Zeit Ausschau gehalten hatte. »Entlassen! Alle drei! Barbara, Sven und Bianca! Das wäre das einzig Richtige«, dachte er. Aber das ging natürlich nicht. Denn es war Wochenende, und Barbara war seine Frau, und Sven und Bianca waren seine Kinder.

Vom Sofa aus

Vom Sofa aus ließ Muntz den Blick über die Geschenkberge schweifen, die Kartons, das zerknüllte Geschenkpapier unter dem Weihnachtsbaum, und empfand tiefe Genugtuung. Wieder war es eine gelungene Bescherung gewesen. Dabei hatte er am Tag vor Heiligabend noch Übles befürchtet, als er auf den Briefträger wartete. Noch immer war das Päckchen seines Arbeitgebers nicht eingetroffen. Sparte man so drastisch, dass nichts mehr verschenkt wurde? Davon hätte er gewusst. Hatte man ihn vergessen? Das wäre ein Skandal. Überging man ihn bewusst? Das konnte eine bevorstehende Katastrophe andeuten! Doch nein, die unruhig ersehnte Lieferung kam.

Muntz nahm das Päckchen entgegen. Da der Firmenname des Unternehmens draufstand, erkannte er es sofort. Groß war es! Was wohl darin sein mochte? In schneller Folge erinnerte er sich an die Geschenke früherer Jahre. Anfangs waren es Kugelschreiber, Lineale, Schreibtischunterlagen gewesen, später USB-Sticks, Schlüsselanhänger, defekte Armbanduhren, Pfeffermühlen. Was also war es in diesem Jahr? Er packte es sofort aus. Etwas Großes aus Glas, er wusste gar nicht, was das war, bis er es auf einem Beiheftchen las. Ein Rotweinatmer!

Er drehte es um und prüfte. Sieh an, hergestellt nicht in China, sondern in Frankreich! Das Ding war wirklich etwas wert! Muntz schloss die Augen und atmete beseelt durch. Wenn jemand einen echten Rotweinatmer von seinem Arbeitgeber geschenkt bekam, hieß das: Mit ihm war zu rechnen. Im Überschwang der Gefühle sagte er sich jedoch: So großartig ein Rotweinatmer auch war, er musste noch nicht das Ende sein. Es war möglich, noch weiter aufzusteigen. Wenn er daran dachte, was sein eigener Vater alles geschenkt bekommen hatte, im selben Unternehmen, als Muntz senior ganz weit oben angekommen war.

Alle auf seiner Ebene hatten damals »Das Kapital« von Karl Marx als Weihnachtsgeschenk erhalten. Dünndruck, Goldschnitt, in feines, kobaltblaues Leder gebunden, mit persönlicher Widmung des Vorstands. Einige unter den Führungskräften fanden das geschmacklos. Die raffinierteren freuten sich daran. Man konnte auf angenehm beiläufige Weise eine gewisse Weite des Horizonts ebenso wie Furchtlosigkeit zur Schau stellen, indem man es auf den Coffeetable legte.

Muntz, völlig enthusiasmiert, hatte nun sich selbst als künftigen Vorstand vor Augen, wie er mit schwerem Füllfederhalter ein Buch signierte. Wie wär's mit »Staat und Revolution« von Wladimir Iljitsch Lenin vielleicht? Auf handgeschöpftem Bütten, eingeschlagen in rot gefärbtes Känguruleder. Oh, Muntz würde beweisen, dass er ein Mann mit originellen Ideen war!

Abwarten und Kaffee trinken

Unwillkürlich erinnerte Oz die Situation an die Videos, die er gesehen hatte, damals vom großen Tsunami. Genauer, von den Stunden davor. Die Augenzeugen berichteten, der allgemeine Lärmpegel habe sich gesenkt. Auf dem Markt, auf der Straße, in der Luft, überall sei es stiller geworden. Einigen Menschen sei das zwar aufgefallen, doch sie hätten sich die Ursache nicht erklären können. Die Tiere hingegen, die ebenfalls verstummten, hätten sich auf Anhöhen und in die Berge zurückgezogen. Sie besaßen wohl eine besondere Antenne, eine Art biologisches Frühwarnsystem, das bei vielen von uns nicht mehr so einwandfrei funktionierte.

Außer vielleicht bei Frau Birk, seiner Sekretärin, die stiller und ernster wirkte als sonst. Wusste sie vielleicht von irgendwas? Oz bat sie zu sich. »Frau Birk, wissen Sie von irgendetwas?« Frau Birk sah ihn irritiert an. »Wovon sollte ich wissen?« »Das weiß ich nicht, das frage ich Sie.« »Nein, ich weiß nichts, was Sie nicht auch wüssten.« Über diesen Satz, dachte Oz, hätte man lange diskutieren können. War das überhaupt möglich, das zu wissen, was jemand anderer wusste? Aber das hier war kein philosophisches Seminar, man hatte keine Zeit, sich in derartigen Spekulationen zu verlieren.

Frau Birk stand immer noch in Oz' Zimmer, etwas verloren wartend, ob noch etwas käme. Mehr aus Verlegenheit, nicht, weil er echte Zweifel hatte, fragte er: »Es bleibt bei meinem Termin um fünf?«

»Sicher, ich habe nichts Gegenteiliges gehört.«

»Ich auch nicht«, sagte Oz und deutete Frau Birk an, er habe im Augenblick keine weiteren Fragen, worauf sie sich ins Vorzimmer zurückzog. Jetzt war das Gefühl des Unwirklichen noch stärker.

Es war viertel nach Vier. Kaum Zeit genug, vor dem Termin noch etwas Neues anzufangen. Er beschloss, zum Kaffeeautomaten zu gehen, um »etwas Atmosphäre einzufangen«, wie er das bei sich nannte. Auf dem Gang wurde er von allen, die ihm begegneten, mit, wie ihm vorkam, besonderer Höflichkeit gegrüßt. In manchen Gesichtern lag dabei so eine Spur von Schmerz. Oder bildete er sich das nur ein? Es hing, daran gab es keinen Zweifel, alles mit dem Termin um fünf zusammen. Was würde man ihm eröffnen? Niemand hatte ihm auch nur die geringste Andeutung gemacht. Oz wusste es nicht. Er ging wieder in sein Zimmer.

Um kurz vor fünf klopfte Frau Birk an seine Tür und kam herein. »Ihr Termin wurde abgesagt. Verschoben auf nächste Woche.« Und schon war sie wieder draußen. Oz widerstand der Versuchung, sie noch einmal zu fragen, ob sie irgendetwas wisse. Da war etwas im Busch, etwas Großes, aber es kam noch nicht raus. Oz blieb nichts anderes übrig, als noch eine Woche zu warten.

Quellen

Alle Texte sind unter dem Titel »Wie war dein Tag, Schatz?« in der *Frankfurter Allgemeinen Zeitung* erschienen:

Seite 9:	F.A.Z., Beruf und Chance, Samstag, 01. 11. 2008, S. C1, Nr. 256
Seite 13:	F.A.Z., Beruf und Chance, Samstag, 07. 03. 2009, S. C1, Nr. 56
Seite 17:	F.A.Z., Beruf und Chance, Samstag, 14. 02. 2009, S. C1, Nr. 38
Seite 21:	F.A.Z., Beruf und Chance, Samstag, 14. 03. 2009, S. C1, Nr. 62
Seite 25:	F.A.Z., Beruf und Chance, Samstag, 21. 03. 2009, S. C1, Nr. 68
Seite 29:	F.A.Z., Beruf und Chance, Samstag, 09. 05. 2009, S. C1, Nr. 107
Seite 33:	F.A.Z., Beruf und Chance, Samstag, 30. 05. 2009, S. C1, Nr. 124
Seite 37:	F.A.Z., Beruf und Chance, Samstag, 18. 07. 2009, S. C1, Nr. 164
Seite 41:	F.A.Z., Beruf und Chance, Samstag, 15. 08. 2009, S. C1, Nr. 188
Seite 45:	F.A.Z., Beruf und Chance, Samstag, 05. 09. 2009, S. C1, Nr. 206

Seite 49: F.A.Z., Beruf und Chance,
Samstag, 26. 09. 2009, S. C1, Nr. 224

Seite 53: F.A.Z., Beruf und Chance,
Samstag, 24. 10. 2009, S. C1, Nr. 247

Seite 57: F.A.Z., Beruf und Chance,
Samstag, 14. 11. 2009, S. C1, Nr. 265

Seite 61: F.A.Z., Beruf und Chance,
Samstag, 28. 11. 2009, S. C1, Nr. 277

Seite 65: F.A.Z., Beruf und Chance,
Samstag, 27. 11. 2010, S. C1, Nr. 277

Seite 69: F.A.Z., Beruf und Chance,
Samstag, 11. 12. 2010, S. C1, Nr. 289

Seite 73: F.A.Z., Beruf und Chance,
Samstag, 12. 02. 2011, S. C1, Nr. 36

Seite 77: F.A.Z., Beruf und Chance,
Samstag, 09. 04. 2011, S. C1, Nr. 84

Seite 81: F.A.Z., Beruf und Chance,
Samstag, 04. 06. 2011, S. C1, Nr. 129

Seite 85: F.A.Z., Beruf und Chance,
Samstag, 11. 06. 2011, S. C1, Nr. 135

Seite 89: F.A.Z., Beruf und Chance,
Samstag, 19. 05. 2012, S. C1, Nr. 116

Seite 93: F.A.Z., Beruf und Chance,
Samstag, 29. 09. 2012, S. C1, Nr. 228

Seite 97: F.A.Z., Beruf und Chance,
Samstag, 20. 10. 2012, S. C1, Nr. 245

Seite 101: F.A.Z., Beruf und Chance,
Samstag, 05. 01. 2013, S. C1, Nr. 4

Seite 105: F.A.Z., Beruf und Chance,
Samstag, 19. 01. 2013, S. C1, Nr. 16

Über den Autor

© Martin Fengel

Georg M. Oswald, geboren 1963, ist Rechtsanwalt und Autor. Einem größeren Publikum ist er bekannt durch seine Romane *Alles was zählt* (2000) und *Unter Feinden* (2012).

Im Murmann Verlag erschien zuletzt *55 Gründe, Rechtsanwalt zu werden* (2013).